Contadores en la encrucijada: ¿formar para el capital o para la justicia social cómo una salida del pensamiento único?

Andres Felipe Quendi Toro

Title: **Contadores en la encrucijada: ¿formar para el capital o para la justicia social cómo una salida del pensamiento único?**

ISBN: 979-8-89966-494-6

Author: Andres Felipe Quendi Toro

Cover image: AI Generated

Publisher: Generis Publishing
Online orders: www.generis-publishing.com
Contact email: info@generis-publishing.com

Contadores en la encrucijada: ¿formar para el capital o para la justicia social cómo una salida del pensamiento único?

"Observarán con preocupación cuánto tiempo una verdad útil puede conocerse y existir, antes de que sea generalmente recibida y empleada" (Benjamín Franklin)

CONTENIDO

Resumen

El presente texto surge de mi constante cuestionamiento acerca de la lógica mercantil que impera en nuestra formación como contadores, donde la disciplina se ha visto reducida a la ejecución de ejercicios técnicos y operativos, alejándose drásticamente de su dimensión sociológica y ética. Lo que me propongo en este escrito es evidenciar cómo la estandarización normativa (como las NIIF) y la privatización del conocimiento han creado "contadores dóciles", vulnerables a la automatización tecnológica y, en muchos casos, cómplices pasivos de la inequidad y la corrupción sistémica. Frente a este panorama, destaco cómo una propuesta epistemológica crítica —inspirada en pedagogías emancipadoras y saberes del Sur— puede convertirse en el motor para la presencia activa del pensamiento crítico en nuestra formación. Aspiro a mostrar que es posible y urgente formar profesionales integrales mediante prácticas socio-práxicas tangibles, como la contabilidad popular, la investigación formativa y los consultorios sociales. Se plantea la necesidad de un pensamiento epistémico que oriente una pedagogía conectada con la realidad, capaz de armonizar el rigor técnico con un compromiso inquebrantable hacia la transparencia, la justicia social y las verdaderas problemáticas de las comunidades en las que ejercemos nuestra profesión.

Palabras clave: formación contable, mercantilización educativa, epistemología crítica, praxis emancipadora, contabilidad popular.

Antes de...

Cuando era más joven tenía la ambición de escribir un libro en el cual plasmara algunas de mis memorias; relatar cómo percibí ciertos años de la historia colombiana desde una visión dividida entre el agitado ritmo de la ciudad y la vida, en apariencia menos compleja, de un corregimiento (Villagorgona). Si bien se trataba de un entorno rural, este terminaba siendo impactado por la globalización de manera gradual. Esa pausa me daba el tiempo necesario para notar y asimilar la transición entre distintas ideas, conceptos y teorías.

Este texto es el resultado maduro de esa capacidad de observación aplicada a mi paso por la Contaduría Pública y a lo vivido en mis años de estudio. Fue en los pasillos universitarios donde me encontré de frente con el sistema. Y no es para menos, ya que además de formarme en una disciplina muy ligada a las lógicas del capital —cuyo desarrollo histórico ha facilitado la acumulación y la maximización de utilidades—, ingresé a una universidad pública. En este espacio, la política, el pensamiento crítico, las carencias y la resistencia convergen, dando cabida a una tensión constante entre diferentes posturas, realidades e intereses de clase.

Al recorrer este sistema, escuchar sus métricas de eficiencia y sus exigencias corporativas, me encontré también con propuestas disidentes que buscan cambiar el fin estrictamente financiero por uno más humano; salir de un paradigma individualista para abrazar un enfoque social. En ese proceso comenzaron a resonar en mi cabeza términos como “responsabilidad social”, “contabilidad ambiental”, “justicia fiscal” y "saberes situados". Conceptos que emergen como faros de una nueva visión: la de servir a la sociedad y no solo al interés privado.

Sin embargo, para llegar a esa visión, primero fue necesario entender y desarmar las estructuras que nos condicionan. A lo largo de las siguientes páginas, el lector encontrará un recorrido analítico y vivencial que parte de una crítica al predominio tecnocrático en las aulas y a la adopción acrítica de normativas internacionales. Analizo cómo la mercantilización del conocimiento ha convertido a la educación en un servicio, ensanchando la brecha entre la universidad pública y la privada, y precarizando tanto la labor docente como la capacidad reflexiva del estudiante.

Ante este diagnóstico, propongo la epistemología no como un adorno teórico, sino como una herramienta vital de transformación para superar la educación "bancaria" que nos limita. Finalmente, aterrizo estas reflexiones en la realidad de nuestro mercado laboral —desafiado por el avance de la inteligencia artificial y afectado por una corrupción sistémica— para proponer salidas tangibles: la contabilidad popular, las clínicas contables comunitarias y una reestructuración curricular.

Este escrito es, en esencia, la consolidación de mis memorias académicas y una invitación abierta a colegas, docentes y futuros estudiantes. Es un llamado a dejar de ser operadores mecánicos de un modelo que fomenta la desigualdad, para atrevernos a asumir la contaduría como una disciplina ética, crítica y emancipadora.

A modo de introducción

Este ensayo nace de la profunda necesidad personal y académica de cuestionar la lógica mercantil que suele convertir la contabilidad en un ejercicio predominantemente técnico, distanciado de su dimensión ética y social. Desde mi experiencia como estudiante de la Universidad del Valle, reconozco con preocupación cómo ciertos modelos formativos reproducen prácticas acríticas, reduciendo nuestro rol como futuros contadores al simple cumplimiento normativo. A lo largo del texto, abordaré el sesgo tecnocrático en la formación contable, el impacto de la mercantilización en las instituciones educativas, la necesidad de adoptar una epistemología crítica y los desafíos que enfrentamos en una práctica profesional marcada por la corrupción y la automatización.

Cuando pienso en la educación que hemos recibido, recuerdo los modelos estandarizados con los que crecí, donde se suele valorar a una persona a través de una nota basada en principios como el rendimiento, la productividad, la obediencia y el cumplimiento de horarios inflexibles. Estas características evocan el sistema de adiestramiento consolidado durante la Revolución Industrial, cuyo objetivo histórico era entrenar empleados dóciles para cumplir labores repetitivas que generaran mayores utilidades (Correa, 2021).

En las instituciones de educación superior en Colombia he notado dos tendencias. Por un lado, están aquellas que me han permitido abrir espacios para la reflexión, la investigación y el desarrollo epistémico. Por otro lado, he conocido instituciones donde estos espacios son escasos, y donde el enfoque gira en torno a responder a las exigencias del mercado y a intereses rentísticos, reduciendo drásticamente el margen para el pensamiento libre. En cuanto a la historia de la contaduría, reconozco que ha estado fuertemente condicionada por lo que Gómez (2007) denomina "pensamiento único" (p. 30); un statu quo guiado por la lógica del capitalismo financiero. A medida que este pensamiento se ha consolidado, percibo que gran parte de la academia se ha integrado a una cadena productiva que, en ocasiones, acentúa las profundas desigualdades del país.

Desde esta perspectiva, la formación en contaduría tiende a concebirse más como una herramienta técnica al servicio de la optimización fiscal y la rentabilidad privada, que como una fuerza transformadora capaz de abordar las problemáticas sociales. Se ha ido instalando la idea de que esta formación puede darse en periodos muy cortos (con promesas de títulos en 12 o 16 meses). Esto no solo reduce la complejidad de la disciplina, sino que refuerza la percepción de que la contabilidad es una tarea meramente "mecánica". En ese afán por la inmediatez, la educación contable corre el riesgo de convertirse en un producto de consumo rápido.

Las consecuencias de este modelo las he notado en mi entorno: egresados con competencias técnicas para operar un software, pero que a menudo carecen de herramientas para cuestionar el sistema al que sirven, quedando más expuestos a ser desplazados por la inteligencia artificial. En este contexto, surgen preguntas ineludibles: ¿a quién beneficio realmente con mi trabajo?, ¿por qué sigo determinadas normas sin discutirlas?, ¿cuál es el verdadero impacto social, ambiental y político de mis decisiones contables? Lamentablemente, estas inquietudes rara vez tienen un espacio central en los sílabos o en los discursos institucionales.

Este panorama exige una transformación de fondo. El presente ensayo busca proponer la adopción de una epistemología crítica para la formación contable, entendiendo que el conocimiento responde a contextos históricos concretos y rara vez es neutro. La contabilidad no es una ciencia exacta ni apolítica; es una práctica social con efectos palpables en la distribución de la riqueza y en la vida de las personas. Por ello, a través de estas páginas, invito a repensar nuestra disciplina desde alternativas prácticas que nos permitan devolverle a la contaduría su vocación de servicio a la sociedad.

1. El predominio tecnocrático en la formación contable

Mientras redacto este ensayo e intento encontrar un momento de calma entre mis responsabilidades, noto cómo los espacios digitales que frecuento —como YouTube— se ven saturados por anuncios constantes. Lo curioso es que no promocionan solo productos de consumo, sino universidades que prometen convertir a cualquier persona en "profesional" de Contaduría Pública en apenas 12 o 16 meses. Más allá de su estrategia publicitaria, estos mensajes reflejan la creciente influencia de las lógicas del mercado en la educación. Presentan la contabilidad como una habilidad predominantemente técnica, relegando el pensamiento crítico y la profundidad ética, como si el saber contable pudiera reducirse a un paquete listo para consumir.

Considero que estas ofertas educativas evidencian una transformación epistemológica en la que lo operativo tiende a imponerse sobre lo reflexivo. Históricamente, la Contaduría Pública ha sido posicionada por diversos sectores como una disciplina al servicio del capital, enfocada principalmente en el manejo eficiente de la información financiera. Esta visión suele desplazar los esfuerzos por comprender críticamente el entorno social, político y económico donde dicha información circula (Duque, 2011). Así, se consolida un enfoque homogéneo en las aulas, guiado por una perspectiva tecnocrática que frecuentemente margina visiones alternativas de la profesión (Gómez, 2011).

Percibo que este modelo formativo, al distanciarse de su compromiso ético, responde a un tipo de universidad que ha priorizado su rol de formadora de capital humano por encima de su vocación humanista. Se corre el riesgo de confundir la educación integral con el entrenamiento profesional, donde la formación se vuelve funcional y se mide por indicadores de eficiencia y productividad, sin cuestionar a fondo su impacto humano o social (Laval, 2004).

Al retomar mis apuntes y recordar las aulas que han marcado mi formación, me asalta una sensación ambivalente: por un lado, reconozco la seguridad que brinda el dominio de procedimientos exactos; por otro, siento la inquietud de quien percibe que la dimensión social de la contaduría ha quedado rezagada. En las siguientes páginas, busco complementar esta experiencia inicial con evidencias, voces académicas y posiciones sobre la formación contable en el país

El impacto normativo en el contexto colombiano

Para entender esta tensión entre lo técnico y lo reflexivo, es fundamental observar las transformaciones regulatorias que han ocurrido en el país. La adopción de las Normas

Internacionales de Información Financiera (NIIF), regulada por la Ley 1314 de 2009, no fue solo un cambio de reglas; representó una modificación profunda en lo que se considera "información valiosa" y, por ende, alteró la formación universitaria.

En mi experiencia, la incorporación de estos estándares exigió una actualización curricular acelerada. La academia colombiana tuvo que volcarse a entender un marco normativo diseñado principalmente para grandes mercados de capitales globales, intentando aplicarlo en un país cuyo tejido empresarial está compuesto mayoritariamente por micro, pequeñas y medianas empresas. La enseñanza en el aula pasó a centrarse, en gran medida, en la memorización de criterios de medición y la resolución de casos estandarizados. Esta urgencia por adaptarse a la norma internacional fortaleció una racionalidad económica que concibe la educación contable fundamentalmente como una herramienta de competitividad internacional, dejando en un segundo plano la investigación sobre nuestras propias dinámicas locales.

Defensa del enfoque tecnocrático

Frente a este panorama, he escuchado argumentos sólidos desde la academia y el sector empresarial que defienden esta orientación. Desde una perspectiva pragmática, se argumenta que la globalización exige un lenguaje común; la comparabilidad financiera no es un capricho, sino una condición necesaria para atraer inversión y generar crecimiento económico. Así, la adopción de las NIIF y la priorización de competencias técnicas se perciben como respuestas racionales a un entorno interconectado.

Muchos docentes y directivos sostienen que formar contadores capaces de aplicar estas normas con precisión es una obligación profesional de la universidad. La técnica, argumentan, aporta una neutralidad operativa que fomenta la transparencia y sostiene la confianza en los mercados. Reconozco el peso de estos puntos. Al pensar en empresas colombianas que necesitan acceder a créditos internacionales o en procesos de auditoría que exigen uniformidad, comprendo la insistencia en el rigor. Además, en un país con marcadas desigualdades, la promesa de empleabilidad rápida y competencias certificables resulta vital para estudiantes que ven en la educación una de sus principales vías de movilidad social.

Críticas al paradigma tecnocrático

Aun comprendiendo las razones prácticas que sostienen este enfoque, advierto que conlleva riesgos cívicos y éticos significativos. La principal crítica que comparto es que la contabilidad rara vez es un simple conjunto de técnicas neutras. Es una práctica social que legitima ciertas realidades y oculta otras, influyendo en las relaciones de poder y la distribución de la riqueza.

Mi proceso formativo ha estado marcado por la frustración de encontrar, en ocasiones, un currículo rígido con escasos espacios para el cuestionamiento. Preguntas como "¿a quién beneficia la forma en que medimos este activo?" o "¿cuáles son los costos ambientales que esta información financiera omite?" no siempre encuentran cabida. Las respuestas cerradas basadas en "lo que establece la norma" pueden reforzar una cultura de obediencia intelectual. Esta pedagogía centrada en la repetición tiende a formar profesionales capacitados para ejecutar procedimientos complejos, pero que pueden tener dificultades para cuestionar las consecuencias éticas de sus actos o la equidad de los balances que firman.

Esta desconexión es aún más evidente cuando la homogeneización impuesta por las normas globales invalida saberes locales. En diversas regiones rurales de Colombia o en organizaciones solidarias, existen formas de economía y gestión que no encajan fácilmente en los marcos de las NIIF. Ignorar estas realidades bajo la premisa de la estandarización implica desaprovechar la oportunidad de que la contabilidad actúe como una disciplina capaz de visibilizar y proteger el valor social, ambiental y comunitario.

Enfrentamiento de posturas

Al confrontar estas dos visiones, percibo que el debate trasciende las aulas y tiene implicaciones en la construcción del país. He visto cómo algunas universidades hacen esfuerzos genuinos por lograr un equilibrio: enseñar el rigor de las NIIF mientras introducen materias sobre responsabilidad social y ética. Sin embargo, estos intentos a menudo se ven opacados por la presión institucional de cumplir con las métricas de acreditación y las demandas inmediatas del mercado laboral. Como resultado, la técnica suele mantenerse como el tronco principal del conocimiento, mientras que lo reflexivo queda relegado a un plano secundario.

En este camino de creciente estandarización, el rol del contador como agente transformador de la sociedad se ve comprometido. Resignificar la contabilidad como una disciplina con dimensión moral implica reorientar nuestros fines profesionales. No se trata de rechazar la utilidad de la técnica, las herramientas digitales o la globalización, sino de reclamar nuestra capacidad para contextualizarlas. Se trata de evitar convertirnos en aplicadores mecánicos de normativas, asumiéndonos como profesionales con la voluntad de poner los números al servicio de la dignidad humana, el bien común y la justicia.

2. La mercantilización del conocimiento: universidades públicas vs. privadas

El conocimiento como mercancía: de derecho social a servicio de consumo

En mi observación de los entornos académicos contemporáneos, he notado con preocupación que, cuando la educación superior se orienta predominantemente por lógicas de mercado, las universidades tienden a adoptar un enfoque empresarial. Este modelo prioriza la rápida inserción del egresado al mundo laboral, entendiendo la educación menos como un proceso de transformación humana y más como una inversión financiera que debe generar retornos. Este enfoque ha dado lugar a programas que, si bien forman profesionales técnicamente competentes, muchas veces nos alejan de las problemáticas sociales, estructurales y políticas del país (Apple, 2006). Al tratar al estudiante como "cliente" y al conocimiento como "producto", la universidad corre el riesgo de renunciar a su vocación histórica de ser la conciencia crítica de la sociedad.

En este sentido, coincido con Grinberg (2006) en que la gestión educativa ha devenido en una nueva episteme que reconfigura la producción del saber y la subjetividad. Se impone en la academia un modelo de gerenciamiento que no solo monitorea resultados a través de métricas estrictas, sino que permea los procesos educativos desde su interior. Este modelo transforma a docentes y estudiantes en gestores de sí mismos, responsables individuales de alcanzar indicadores diseñados desde lógicas corporativas. Bajo esta dinámica, la universidad puede dejar de ser un espacio para el asombro o la duda, asemejándose cada vez más a una línea de ensamblaje.

La transformación de la educación en un servicio tiene consecuencias tangibles en nuestra cotidianidad académica. Según Gómez (2011), la academia tiende a convertirse en una "fábrica de competencias". En este modelo, el objetivo principal parece desplazarse de formar personas reflexivas y éticas, a entrenar profesionales calificados para mantener en funcionamiento el sistema económico global. He visto cómo muchos estudiantes —y me incluyo en ocasiones, impulsado por la incertidumbre del futuro— transitamos nuestra formación con una actitud instrumental. Perseguimos el título empujados por la inercia de "aprender lo necesario" para ser competitivos en un mercado laboral saturado. Vivimos, como advierte Gómez (2017), una "crisis por ausencia de crítica", donde disciplinas fundamentales como la contabilidad corren el riesgo de limitarse a obedecer los requerimientos del capital financiero.

Al pensar en las diferencias entre la universidad pública y la privada, es usual reconocer sus contrastes estructurales y presupuestales. Sin embargo, tras analizar la literatura reciente, comprendo que ambas instituciones están atravesadas por la idea de una "fraternidad económica moderna", en la que el conocimiento científico suele volverse un instrumento utilitario para garantizar la continuidad del modelo económico vigente (Rojas, 2011).

Los sistemas de medición y sus sesgos

Para sostener esta mercantilización, se requiere un marco que legitime el modelo ante la sociedad, y es allí donde entra el discurso de la "calidad". El problema surge al intentar evaluar modelos educativos diversos bajo una misma lupa estandarizada. Mediante normativas como la Ley 30 de 1992 y los lineamientos del Consejo Nacional de Acreditación (CNA), se han promovido evaluaciones que buscan garantizar estándares mínimos. Sin embargo, en la práctica, la calidad suele convertirse en una categoría funcional a la competitividad del mercado (Gómez Morales, 2018).

Es fundamental entender los sesgos metodológicos al comparar instituciones. Como advierten Doberti y Gabay (2015), los indicadores utilizados para medir el "éxito" universitario están frecuentemente correlacionados con los recursos financieros disponibles más que con el desempeño pedagógico real. Si una institución cuenta con mayores ingresos por matrículas, tendrá más recursos para infraestructura, elevando sus indicadores en los sistemas de acreditación. Esto no significa necesariamente un mejor proceso formativo, sino una mayor concentración de recursos, generando un sesgo que confunde la capacidad financiera con la excelencia académica (Doberti & Gabay, 2015).

Además, Gómez Morales (2018) señala cómo las universidades han entrado en una fuerte competencia por escalar en ránkings internacionales. Estas métricas evalúan aspectos como publicaciones indexadas o reputación entre empleadores globales, pero tienden a invisibilizar el impacto de la universidad en la resolución de problemas locales o el desarrollo comunitario. Bajo esta lógica, la calidad puede convertirse en un constructo que prioriza lo cuantificable, dejando en un segundo plano el vínculo pedagógico y la transformación social.

Acceso, financiamiento y movilidad social

Para comprender la amplitud de estas diferencias, es necesario analizar las tensiones estructurales de ambos modelos. Las universidades privadas operan como actores clave de esta dinámica. De acuerdo con estudios recientes, estas instituciones destacan por su infraestructura y currículos flexibles, atractivos para el entorno empresarial (Rosero Ordóñez, 2025). No obstante, su modelo financiero depende fuertemente del recaudo de matrículas, lo cual restringe el acceso a quienes cuentan con mayor capacidad de pago.

Este modelo también ha demostrado ser vulnerable a la coyuntura económica. Reportes recientes evidencian una caída en las matrículas de diversas universidades privadas debido a la inflación y la pérdida de poder adquisitivo de las familias, afectando la sostenibilidad de varios claustros (El Tiempo, 2024). Esto ilustra cómo, cuando el acceso a la educación se subordina a la capacidad de pago o al endeudamiento (como con el ICETEX), el futuro profesional queda expuesto a la volatilidad económica.

Por su parte, las universidades públicas representan el espacio histórico de democratización del conocimiento. Sin embargo, su capacidad de acceso está limitada por un déficit estructural crónico. Aunque son más asequibles, enfrentan restricciones presupuestales que impactan su infraestructura y ciertos parámetros de acreditación (Rosero Ordóñez, 2025). Esta precariedad se evidencia en recurrentes movilizaciones estudiantiles y alertas sobre el deterioro de sedes emblemáticas, situaciones que a menudo requieren inyecciones presupuestales de emergencia (El Espectador, 2024).

A pesar de estas carencias, los datos demuestran el impacto irremplazable de lo público en la equidad social. En Argentina, por ejemplo, las universidades privadas han absorbido gran parte de la demanda creciente (Giménez & Corengia, 2024). Sin embargo, la brecha es clara: en las instituciones estatales argentinas, un 46% de los estudiantes provienen de hogares sin formación universitaria previa, frente a un 21% en las privadas. En Colombia ocurre una dinámica similar; las universidades públicas siguen siendo uno de los principales motores de movilidad social para estudiantes de estratos socioeconómicos bajos (López & Ramírez, 2019). Esta dicotomía refleja que la tensión entre lo público y lo privado es, en el fondo, un debate profundo sobre la equidad.

El impacto en el aula

La orientación hacia el mercado también trae consigo la precarización laboral de quienes tienen la responsabilidad de enseñar. Como señalan los análisis sobre el "capitalismo académico" (Slaughter & Rhoades, 2004), la universidad moderna tiende a optimizar sus costos operativos, lo que ha derivado en un aumento de la contratación bajo la figura de "hora cátedra" o contratos temporales, disminuyendo la estabilidad del profesorado de planta.

Aquí surge una contradicción en el sistema educativo: ¿cómo exigir una formación crítica y profunda a docentes que enfrentan inestabilidad laboral? Hablamos de profesores que dedican un tiempo no remunerado a la preparación de clases y a la investigación, y que a menudo deben trasladarse entre varias instituciones para alcanzar un salario digno. Esta dinámica instaura en la academia lo que Byung-Chul Han (2012) denomina la "sociedad del cansancio": profesores y estudiantes exhaustos que, para mantener su vinculación y cumplir con métricas institucionales, tienden a ceñirse al currículo estandarizado, con menor margen para la disidencia pedagógica o la exploración intelectual.

Este distanciamiento entre el pensamiento crítico y la academia precarizada agudiza la desconexión en el aula. Se exige a los docentes publicar frecuentemente en revistas indexadas para sumar puntos en los ránkings, lo que suele priorizar investigaciones alineadas con dinámicas globales. Simultáneamente, el sistema a menudo desincentiva la producción de saberes comunitarios o transdisciplinarios enfocados en problemas locales que no resultan tan atractivos para las publicaciones hegemónicas.

La crisis epistemológica en la formación contable

Esta macroestructura de mercantilización impacta directamente en mi disciplina: la Contaduría Pública. En el aula, este modelo educativo se traduce en una crisis epistemológica. Investigaciones recientes evidencian la brecha entre la concepción de la contabilidad como una ciencia social y el enfoque pragmático que domina la labor profesional (Mantilla-Falcón et al., 2022).

Según estudios aplicados a estudiantes, existe un conocimiento robusto sobre la normatividad contable y su aplicación en el campo empresarial, pero se evidencia una práctica investigativa limitada, lo que resulta en un acercamiento mínimo a los fundamentos epistemológicos de nuestra disciplina (Mantilla-Falcón et al., 2022). La asignatura contable corre el riesgo de dejar de ser generadora de conocimiento para convertirse en un ejercicio de implementación rigurosa de la normatividad impuesta.

En este escenario, los marcos normativos globales, como las NIIF, a menudo se presentan desde los primeros semestres como estándares técnicos indiscutibles. Esto ocurre a pesar de que sus fundamentos teóricos responden a los intereses de grandes mercados de capitales, siendo muchas veces ajenos a las realidades económicas del tejido empresarial colombiano, compuesto mayoritariamente por micro y pequeñas empresas (Gómez, 2017). Una formación basada casi exclusivamente en la memorización de estas normativas y el cumplimiento técnico puede limitar, como plantea Cardona (2011), nuestra capacidad para utilizar la contabilidad como una herramienta de intervención social.

¿Para qué y para quién se forma un contador hoy?

Al presenciar la desconexión entre las necesidades sociales del país y la estandarización de las aulas, me enfrento a una pregunta ineludible: ¿para qué y para quién se forma un contador público hoy en día?

Bajo el actual modelo universitario, la respuesta institucional parece inclinarse hacia las demandas del capital. Como señala Franco Ruiz (2014), nuestra profesión ha sido influenciada fuertemente por el "paradigma de la utilidad". Desde esta óptica, el estudiante es formado principalmente para proteger los activos corporativos, optimizar beneficios y garantizar las tasas de rentabilidad exigidas por el mercado. Se nos enseña a asumir que las cifras en los estados financieros son neutrales y matemáticas, ocultando que dichas cifras intervienen en la distribución de la riqueza de una nación (Quintero, 2020).

Esta visión mercantil, impulsada por un mercado que contrata fuerza laboral bajo parámetros estrictamente cuantitativos, genera la idea ficticia de que el éxito en la sociedad radica exclusivamente en aumentar el capital y reducir los gastos a toda costa. Un ejemplo claro de este paradigma lo viví en mis clases de tributaria, donde se nos recalcaba que el valor de nuestro trabajo se mediría por cuánto menos dinero en impuestos hiciéramos pagar a un cliente. Esta lógica nos empuja irremediablemente a navegar en el mundo del derecho a través de las «zonas grises»: aquellas prácticas que, sin llegar a ser delitos explícitos u operar por fuera de la ley (zonas negras), aprovechan vacíos legales de forma cuestionable para beneficiar intereses particulares. Al combinar el afán de maximización con estas zonas grises, el resultado ineludible es la corrupción, el uso de prácticas contables cuestionables y una profunda desconexión moral que carece de responsabilidad social. Frente a este panorama, donde el mercado premia el tecnicismo, cobra vital importancia el pensamiento epistémico que algunos docentes nos invitan a aplicar: la capacidad de analizar, investigar y cuestionar las implicaciones a corto, mediano y largo plazo de nuestras decisiones. Al integrar este análisis crítico con el rigor técnico, obtenemos como resultado un contador público verdaderamente integral; un profesional en el que, en última instancia, es su propia ética y no las falencias de la norma lo que determina cómo ejerce su labor en favor tanto del particular como de la sociedad.

Sin embargo, esta respuesta cambia radicalmente si asumimos una postura ética frente a nuestro saber. Si concebimos nuestra disciplina desde un modelo de "contabilidad integral" (Franco Ruiz & Betancur Jaramillo, 2025), el paradigma se invierte: el contador público debe formarse para la sociedad. Debe ser un profesional capaz de proteger el patrimonio público frente a la corrupción, cuantificar el impacto ambiental de las empresas y promover la justicia intergeneracional.

El gran desafío al intentar aplicar esta visión en la realidad colombiana es que el mercado laboral no suele remunerar la responsabilidad social o ambiental; prioriza la optimización financiera. Esto genera una tensión profunda entre la conciencia ética del estudiante que desea transformar su entorno y las exigencias de empleabilidad de un sistema que condiciona su supervivencia económica.

Herramienta emancipadora

Al reflexionar sobre los elementos expuestos —desde los sesgos en los ránkings de calidad y la precarización docente, hasta la imposición de las NIIF y las lógicas de privatización— noto que la educación superior corre el riesgo de operar como un dispositivo de reproducción de la desigualdad. En este proceso, se debilita el potencial emancipador que dio origen a la Universidad. No basta con proponer soluciones como ampliar cuotas de cobertura o mejorar métricas de acreditación; necesitamos repensar las bases de nuestro saber. Y es aquí donde surge la interrogante que abre paso a la siguiente discusión de este ensayo: ¿cómo puede la epistemología convertirse en una herramienta para superar la mercantilización educativa?

La respuesta radica en comprender que la epistemología no es simplemente un requisito teórico de los primeros semestres. Es, en realidad, el campo donde se decide qué es considerado "verdad" válida y qué es descartado. Al cuestionar las bases positivistas que sostienen a la contabilidad financiera tradicional —aquellas que presuponen que los números son un reflejo objetivo de la realidad económica—, adquirimos la capacidad de visibilizar los intereses que subyacen a dichas normas.

Apoyándonos en perspectivas críticas, como las Epistemologías del Sur (De Sousa Santos, 2009), esta herramienta filosófica nos permite cuestionar la hegemonía del conocimiento impuesto por el mercado. Nos otorga legitimidad para incorporar saberes locales, prácticas comunitarias y economías solidarias que históricamente han tenido poco espacio en los textos contables. La epistemología, vista desde esta óptica, deja de ser un requerimiento estrictamente académico para convertirse en un instrumento intelectual con el que podemos desmontar la idea de que la economía no puede funcionar de otra manera. Es el primer paso para recuperar el sentido crítico y emancipador que nuestras universidades, públicas y privadas, deben preservar.

3. Epistemología como herramienta de transformación

Hoy percibo con claridad cómo la educación contable se encuentra atravesada por el factor tecnocrático y mercantilizado que analizamos en el apartado anterior. Esta orientación del saber no es una simple coincidencia evolutiva de la profesión, ni un accidente metodológico; responde a lo que Gómez (2007) denomina la instauración de un "pensamiento único". Se trata de una lógica estructurada que se alinea con las dinámicas de acumulación del modelo económico vigente. En este contexto, la contabilidad tiende a alejarse de su dimensión sociológica para volverse cada vez más funcional al mercado corporativo. Este proceso de estandarización suele priorizar la eficiencia financiera global, dejando en un segundo plano las realidades, tensiones y necesidades específicas de las comunidades locales. Sin embargo, el reconocimiento de este escenario revela simultáneamente una oportunidad valiosa: la recuperación de una epistemología crítica que nos permita analizar desde la raíz cómo se ha construido esta disciplina, para así proponer una reconfiguración de su sentido social y ético.

A pesar de que el mercado promueve la maximización y el tecnicismo puro, la academia aún conserva espacios de resistencia. Durante mi formación, un profesor de temas técnicos y tributarios nos insistía constantemente en que debíamos ir más allá de la norma: nos exigía analizar, investigar y formularnos preguntas que sirvieran de guía para ofrecer verdaderas alternativas de decisión. Nos enseñó que, en nuestro papel como contadores, es imperativo comprender qué implica una elección u otra en el corto, mediano y largo plazo. Esta capacidad de indagar, relacionar variables y cuestionar los límites y permisos de lo que está establecido por escrito es, en esencia, la aplicación práctica del pensamiento epistémico. Al amalgamar este rigor técnico con el análisis crítico y epistémico, el resultado es la formación de un contador público verdaderamente integral; un profesional que trasciende la simple aplicación de reglas y tiene la capacidad de usar su conocimiento para aportar a la sociedad, reconociendo que, en última instancia, será su propia ética la que guíe su actuar frente a los dilemas del ejercicio profesional.

Para abordar este desafío, me ha resultado imperativo nutrir mi perspectiva con referentes que amplían los límites tradicionales de la técnica financiera. Autores como Freire (1996), con su "Pedagogía del oprimido", o De Sousa Santos (2009), con su propuesta de las "Epistemologías del Sur", me han servido como guías teóricas para explorar lo planteado por Gómez (2007) respecto a la posibilidad de erigir la contabilidad como una "disciplina moral". A partir de la convergencia de estos pensadores, he comprendido que no basta con actualizar los planes de estudio agregando nuevas asignaturas; se hace necesaria una transformación teórica profunda y una reconfiguración del modo en que entendemos, investigamos y enseñamos la contabilidad. La base de esta epistemología crítica consiste en aceptar que el conocimiento está situado. Esto implica reconocer que la técnica contable no es una ciencia exacta o neutral, sino que nace y se desarrolla en contextos sociales, políticos e históricos concretos, respondiendo a menudo a relaciones de poder específicas.

Las preguntas fundacionales: ¿Para qué y para quién se contabiliza?

A partir de este enfoque situado, resulta necesario trascender la operatividad de los cálculos y formular algunas preguntas estructurales que rara vez tienen espacio en nuestras aulas: ¿para qué se cuenta?, ¿para quién se cuenta?, y ¿qué decisiones políticas y económicas se legitiman en la sociedad cuando se mide la realidad de una determinada manera? Lejos de ser meros ejercicios de retórica, estos interrogantes obligan a pensar sobre el impacto de la contabilidad en la configuración del entorno social. Nos invitan a cuestionar no solo la precisión técnica de la información, sino sus implicaciones éticas y distributivas.

Cuando elaboramos un estado financiero, ¿los informes resultantes facilitan principalmente la concentración de recursos en ciertos sectores, o poseen la capacidad de visibilizar la realidad material de actores menos favorecidos? Cuando registramos una transacción, ¿estamos fortaleciendo el tejido productivo local y solidario, o simplemente cumplimos con las exigencias impuestas por entidades supranacionales —como el IASB— que frecuentemente diseñan sus normativas pensando en realidades ajenas al contexto latinoamericano? Estas preguntas nos enfrentan a la responsabilidad de elegir el enfoque de nuestra práctica profesional: podemos limitarnos a ser operadores de un sistema financiero globalizado, o podemos asumirnos como profesionales comprometidos con la transparencia, la equidad económica y el bienestar social en nuestros territorios.

Saber financiero a través de las Epistemologías del Sur

Para que estas preguntas tengan una respuesta transformadora, es útil reconocer que el marco analítico tradicional puede resultar insuficiente. Aquí es donde las Epistemologías del Sur (De Sousa Santos, 2009) permiten ensanchar los marcos de referencia. Este autor advierte sobre la "sociología de las ausencias": la tendencia del conocimiento hegemónico a declarar como inexistente o irrelevante aquello que no se ajusta a sus parámetros formales. En el campo contable, este fenómeno es observable. La contabilidad tradicional suele marginar el trabajo reproductivo, tiende a clasificar a la naturaleza casi exclusivamente como un recurso explotable y a menudo deja por fuera las economías de reciprocidad que sostienen a diversas comunidades en nuestro continente.

Las propuestas de De Sousa Santos ayudan a reconocer que existen saberes organizativos y de gestión valiosos fuera de los centros financieros tradicionales. Este enfoque crítico invita a articular la formación profesional con las necesidades sociales, promoviendo formas complementarias de registrar y rendir cuentas. Significa imaginar, por ejemplo, modelos de contabilidad ambiental que identifiquen los impactos ecológicos reales de las empresas en los territorios, o sistemas de contabilidad social que evalúen el aporte de una organización al desarrollo local. Es un llamado a orientar parte de la técnica hacia lo que las comunidades necesitan para su sostenibilidad, equilibrando las demandas de los mercados globales con las prioridades sociales internas.

El desafío del contexto

Para desarrollar esta visión contable situada, es preciso partir de una comprensión dinámica del tiempo y el espacio: la realidad socioeconómica es compleja y muta constantemente. Esta idea, retomada del epistemólogo Hugo Zemelman (2021), interpela las bases de lo que aprendemos en las aulas. En su obra, Zemelman argumenta que, mientras la realidad fluye rápidamente, los conceptos teóricos tienden a cristalizarse. Así, las normativas y marcos financieros pueden quedar desfasados ante el surgimiento de nuevas dinámicas sociales, crisis económicas o formas de organización productiva atípicas.

Esta perspectiva resuena en el ejercicio contable cotidiano, especialmente cuando se aplican estándares internacionales de información de manera estandarizada, sin adaptar su interpretación a las particularidades materiales de un contexto específico. Cuando se intenta que la realidad de una pequeña cooperativa agrícola colombiana encaje estrictamente en los moldes diseñados para corporaciones multinacionales, se corre el riesgo de utilizar la teoría como un limitante de la realidad. Lo que se rescata de Zemelman no es un rechazo a la técnica matemática o a las estructuras normativas —pues el rigor es fundamental—, sino el llamado a mantener una vigilancia epistémica. Se vuelve imperativo pensar la contabilidad como un ejercicio reflexivo: debe existir un equilibrio entre la aplicación de la norma y la capacidad crítica para interpretar realidades no convencionales.

Superar la educación bancaria

Este cambio de enfoque —de transitar de operadores técnicos a profesionales analíticos— requiere transformar la pedagogía. En este punto, la obra de Paulo Freire (1996) cobra gran relevancia. Ciertos modelos de la educación contable actual reflejan lo que Freire denomina "educación bancaria". En estos espacios, el conocimiento a menudo se transmite de manera vertical; las normas y los principios se presentan como datos acabados que el estudiante debe memorizar y replicar en evaluaciones, dejando poco margen para indagar sobre su origen, intención o impacto en la sociedad.

En contraste, considero necesario abrir espacios de problematización genuina dentro de las universidades. El aula debe ser un lugar donde los estudiantes puedan analizar críticamente las normativas y construir posturas éticas fundamentadas. Para que esta transición pedagógica ocurra, es clave redefinir el rol del docente (Gómez, 2007). El profesor de contaduría tiene el reto de ir más allá de la mera instrucción procedimental o la actualización tributaria, para convertirse en un facilitador del análisis. Su labor implica acompañar la construcción de conocimientos que conecten los datos financieros con su respectivo contexto social. Bajo esta lógica, los planes de estudio podrían integrar de forma más decidida seminarios sobre justicia fiscal, evaluación de políticas públicas, contabilidad ambiental y economías alternativas.

Para entender la pertinencia de esta integración, basta observar la realidad fiscal del país. Según cifras de la Dirección de Impuestos y Aduanas Nacionales (DIAN), la evasión de impuestos en Colombia ronda los 100 billones de pesos anuales, cifra cercana al 7 % del Producto Interno Bruto (Infobae, 2023; El Tiempo, 2024). Detrás de estos flujos de capital que dejan de ingresar al Estado —afectando la financiación de la salud, la educación y la infraestructura— operan estructuras contables y financieras. Estas problemáticas evidencian que el debate ético y tributario en el aula no es un complemento opcional; es una necesidad para la formación ciudadana. Si la universidad no aborda críticamente estas dinámicas, corre el riesgo de formar profesionales desconectados de su responsabilidad en la protección del patrimonio público.

La tensión productiva

Al plantear estas exigencias hacia la academia, surge una tensión evidente. Por un lado, existe la necesidad de recuperar una epistemología situada que transforme la práctica contable; por otro, la evidencia empírica muestra cómo la escasez de recursos y las demandas inmediatas del mercado laboral condicionan los modelos educativos en Latinoamérica.

La lectura de investigaciones como la de Mantilla-Falcón, Rosales-Martínez y Sánchez-Herrera (2022) confirma una dinámica observable en diversas facultades: la formación contable tiende a privilegiar la aplicabilidad técnica inmediata, reduciendo los espacios destinados a la investigación formativa. Como señala Rosero Ordóñez (2025), esta orientación se cruza con un entorno educativo que valora fuertemente la empleabilidad a corto plazo. Esta presión estructural lleva a programas y estudiantes a priorizar competencias netamente operativas, percibiendo a veces la investigación como una actividad de menor retorno práctico. Como resultado, se forman profesionales competentes en la ejecución de procedimientos, pero que pueden requerir mayor fortalecimiento en sus habilidades analíticas para interpretar el impacto social de su labor.

Los estudios comparativos invitan al realismo frente a las posibilidades de transformación curricular. Investigaciones como la de Doberti y Gabay (2015) muestran que la innovación pedagógica y la calidad investigativa están asociadas a los recursos financieros y materiales de las instituciones. Exigir una participación profunda en investigación crítica es un reto enorme para estudiantes que deben sostener largas jornadas laborales para costear sus estudios, así como para docentes vinculados bajo modalidades contractuales inestables. Por lo tanto, cualquier propuesta de cambio académico en Colombia debe ir acompañada de una reflexión sobre las políticas públicas necesarias para dotar a las universidades de los recursos y condiciones laborales que permitan el florecimiento de una docencia crítica.

Líneas de acción

Al observar la influencia de las lógicas mercantiles en la educación, es posible identificar simultáneamente valiosas iniciativas académicas que proponen enfoques distintos. Existen grupos de investigación estudiantiles enfocados en el impacto fiscal de sectores extractivos, proyectos que enfatizan la ética profesional y experiencias de extensión que acercan el saber contable a los sectores populares.

Un ejemplo concreto de estas alternativas es el fortalecimiento de los consultorios contables universitarios. Diversas instituciones han comprendido que la contaduría puede generar un impacto social directo desde el pregrado. Iniciativas como el Consultorio Contable de la Pontificia Universidad Javeriana o los modelos de apoyo de Uniminuto destacan por brindar asesoría a micronegocios, emprendedores y comunidades que buscan formalizarse organizativamente, pero que carecen de recursos para contratar firmas privadas (Clayss, 2023; Uniminuto, 2024). Estos espacios, al operar como puentes entre la universidad y la sociedad, demuestran cómo se puede articular el rigor técnico —como la implementación de sistemas de costos o planificación tributaria— con la gestión administrativa local y el apoyo solidario.

Sostener y ampliar estas iniciativas requiere una estrategia institucional articulada. Implica fomentar pedagogías dialógicas en el aula (Freire, 1996), orientar líneas de investigación hacia la resolución de problemáticas locales (Mantilla-Falcón et al., 2022) y asegurar el respaldo administrativo para proyectos de extensión desde etapas tempranas de la carrera. Fomentar la investigación aplicada y el aprendizaje-servicio en contextos comunitarios permite a los estudiantes dimensionar la utilidad social de su disciplina. Estas experiencias prácticas sugieren que la transformación epistémica de la contaduría es viable cuando el conocimiento técnico se vincula activamente con el entorno, consolidando una ética profesional orientada al desarrollo colectivo.

4. La práctica profesional en escenarios reales: de la alienación técnica a la praxis emancipadora

A partir de mi experiencia formativa en la Universidad del Valle, he reflexionado sobre las dificultades cognitivas y conceptuales que surgen al intentar comprender las bases teóricas de la partida doble y la naturaleza de las cuentas durante los primeros ciclos académicos. Este fenómeno, que comparto con numerosos compañeros, indica que la asimilación profunda de los fundamentos contables suele postergarse hasta etapas avanzadas de la carrera. Este entendimiento no se alcanza mediante la resolución mecánica de ejercicios en el tablero o la memorización de catálogos de cuentas, sino a través de un abordaje pedagógico orientado a resolver interrogantes de orden histórico y social. La verdadera asimilación ocurre cuando el estudiante logra vincular el flujo de la riqueza y las decisiones administrativas con el registro contable que las representa.

El desfase temporal en el aprendizaje, donde la comprensión del concepto sucede mucho después que la memorización del procedimiento, señala una característica estructural en la enseñanza de la Contaduría Pública: la priorización de la instrucción operativa sobre el análisis epistemológico. Cuando a un estudiante de primer semestre se le presenta la partida doble exclusivamente como una ecuación matemática basada en el equilibrio entre el débito y el crédito, se omite un contexto histórico esencial. El modelo de partida doble, formalizado y difundido por pensadores como Luca Pacioli en el contexto del Renacimiento, no surgió como un mero ejercicio aritmético. Fue una innovación tecnológica y organizativa que permitió la consolidación del comercio transatlántico y el desarrollo del capitalismo temprano en las repúblicas mercantiles.

Esta herramienta facilitó a los comerciantes abstraer la materialidad de sus bienes para convertirlos en un lenguaje financiero estandarizado, separando conceptualmente la propiedad de la gestión. Al enseñar este desarrollo histórico únicamente como una fórmula, se restringe la capacidad del estudiante para identificar que la contabilidad es un constructo social. Es un lenguaje diseñado para estructurar las relaciones de propiedad, medir la acumulación de capital y legitimar la distribución de los recursos en una sociedad.

El enfoque marcadamente procedimental tiende a fragmentar la relación entre la teoría económica y la práctica contable. Esta dinámica no responde a una limitación individual del estudiante, sino al diseño de los planes de estudio. En el proceso de formación, motivado por la expectativa de inserción laboral y movilidad social, el estudiante suele concentrarse en dominar las competencias técnicas demandadas por las empresas. En consecuencia, disciplinas como la historia económica, la ética aplicada, la sociología del trabajo y la política fiscal suelen ocupar un lugar periférico. Como argumenta Cardona (2011), una educación predominantemente instrumental desincentiva la construcción de una práctica contable vinculada a su contexto. El aula se enfoca en el adiestramiento normativo, asumiendo la realidad económica como un ente objetivo que simplemente debe ser registrado. Este enfoque omite que los criterios utilizados para medir, clasificar y revelar la información financiera inciden directamente en el pago de impuestos territoriales y en la formulación de políticas públicas.

El impacto de la automatización

En diversas instituciones universitarias, las metodologías de enseñanza enfatizan la memorización de las Normas Internacionales de Información Financiera (NIIF), la actualización frente a los cambios en los estatutos tributarios y la ejecución de procedimientos estandarizados de auditoría. Si bien el dominio de la norma es necesario, una formación de carácter enciclopédico prepara al profesional para un escenario tecnológico que está en proceso de transformación profunda, donde la ejecución de tareas operativas está siendo delegada a sistemas informáticos.

El desarrollo tecnológico actual, enmarcado en la Cuarta Revolución Industrial, está modificando las bases materiales del trabajo contable. Las organizaciones están implementando sistemas de Automatización Robótica de Procesos (RPA), los cuales se encargan de extraer datos de facturas electrónicas, conciliar órdenes de compra y registrar transacciones rutinarias sin intervención humana. Paralelamente, los algoritmos de aprendizaje automático (Machine Learning) permiten analizar grandes volúmenes de información histórica para detectar anomalías, clasificar gastos y proyectar escenarios financieros con un alto grado de precisión. A esto se suma la tecnología Blockchain, que ofrece libros mayores distribuidos y criptográficamente seguros, facilitando la trazabilidad de los recursos y reduciendo la necesidad de ciertas verificaciones manuales tradicionales.

Frente a la adopción de herramientas de inteligencia artificial generativa, capaces de estructurar borradores de estados financieros y analizar variaciones presupuestales, surge una consideración pertinente para el sector académico: si las competencias centrales impartidas durante la carrera universitaria se basan en procesos algorítmicos y repetitivos, el valor diferencial del profesional humano tiende a disminuir. Las herramientas tecnológicas presentan ventajas comparativas innegables en la velocidad de procesamiento, el manejo de Big Data y la reducción de errores operativos en tareas rutinarias. En este contexto, Gómez (2017) advierte que un enfoque centrado de manera exclusiva en la técnica puede relegar al contador al rol de operador de software o alimentador de datos para los sistemas de planificación de recursos empresariales (ERP).

Para mantener su relevancia y aportar valor a las organizaciones y a la sociedad, la contaduría requiere fortalecer las dimensiones cognitivas y analíticas que los sistemas automatizados no pueden replicar. Un software puede procesar las reglas de deducción tributaria vigentes, pero carece de la capacidad para formular juicios éticos sobre la equidad de dichas reglas. Un algoritmo puede identificar una desviación negativa en los costos de producción y sugerir recortes de personal, pero no posee la empatía ni la comprensión del contexto social para evaluar el impacto de un despido masivo en la economía local. El desarrollo profesional se encuentra, por tanto, en el pensamiento analítico. El contador contemporáneo debe perfilarse como un intérprete de la complejidad socioeconómica, un garante de la transparencia y un asesor capaz de articular la eficiencia financiera con la responsabilidad social y ambiental.

Dinámicas organizacionales, burocracia y el comportamiento ético en el mercado laboral

Los retos pedagógicos identificados en el entorno universitario adquieren mayor complejidad al analizar las dinámicas del mercado laboral. Al integrarse a firmas corporativas, empresas del sector real o entidades gubernamentales, los profesionales recién egresados se insertan en culturas organizacionales que, frecuentemente, priorizan la eficiencia operativa, la reducción de costos y la obtención de resultados financieros a corto plazo. Estas presiones, medidas a través de indicadores clave de rendimiento (KPIs), pueden influir en la toma de decisiones, llevando en ocasiones a la flexibilización de los controles internos o a la implementación de estrategias de planeación fiscal agresiva para satisfacer las expectativas de la gerencia o de los inversores.

En este entorno, profesionales que durante su etapa académica demostraban un claro interés por la responsabilidad social pueden adaptar sus posturas éticas como mecanismo de integración y estabilidad laboral (Quiroz & Patiño, 2022). Este fenómeno puede analizarse a la luz de conceptos sociológicos desarrollados por pensadores como Hannah Arendt. Al estudiar las estructuras burocráticas, Arendt observó que los individuos no participan en actos perjudiciales necesariamente por convicciones negativas, sino por la inserción en sistemas jerárquicos donde la responsabilidad se diluye. En organizaciones altamente compartimentadas, la función del empleado puede reducirse a cumplir metas departamentales y seguir procedimientos estandarizados, lo que genera un distanciamiento emocional y reflexivo respecto a las consecuencias finales de los informes que procesa o aprueba.

Ejercer la contaduría manteniendo los principios de transparencia e independencia mental representa un desafío frente a presiones corporativas o políticas. Un ejemplo que ilustra las vulnerabilidades institucionales en el contexto colombiano es la investigación sobre presuntas irregularidades en la Unidad Nacional para la Gestión de Riesgo de Desastres (UNGRD), documentada recientemente por los medios de comunicación (El País, 2025). Situaciones de esta naturaleza, que comprometen recursos orientados a la atención de poblaciones vulnerables, evidencian fallas en el diseño de las políticas de control público y en los mecanismos de rendición de cuentas.

El análisis de estos casos desde la perspectiva contable indica que, en los esquemas de desviación de recursos o fraude corporativo, existen fallas en las estructuras financieras, en los procesos de auditoría interna o en la revisoría fiscal. Ya sea por asimetrías de información, limitaciones metodológicas, exceso de confianza o presiones indebidas, los filtros diseñados para garantizar la transparencia pueden resultar ineficaces. La función social de la contaduría, fundamentada en la delegación de la fe pública por parte del Estado, se ve comprometida cuando prevalecen intereses particulares sobre el bienestar general.

Esta realidad afecta la confianza de la ciudadanía y de las instituciones en la información financiera. Cuando la firma de un profesional respalda cifras que no reflejan fielmente la realidad económica —debido a la cultura organizacional, el temor a represalias laborales o la estructura de incentivos de la empresa—, se evidencia una brecha entre los objetivos éticos declarados en los programas universitarios y su aplicación práctica. Esto subraya la necesidad de que la formación en ética no se limite a una asignatura teórica sobre códigos de conducta, sino que incorpore el análisis de casos reales y prepare al estudiante para gestionar conflictos de interés en entornos organizacionales complejos.

Aportes desde las disciplinas humanísticas para la formación integral

Para fortalecer la integridad profesional y ampliar las capacidades analíticas de los estudiantes, resulta útil integrar perspectivas provenientes de disciplinas ajenas al ámbito estrictamente financiero. El análisis de la educación a través de la obra de diversos pensadores ofrece lineamientos para estructurar una propuesta pedagógica más amplia:

El sociólogo Edgar Morin, al abordar los saberes necesarios para la educación, señala los riesgos de la fragmentación del conocimiento. En la educación contable, esta fragmentación es evidente cuando el plan de estudios se divide en compartimentos aislados. Se suele impartir el módulo de impuestos de manera independiente de la política fiscal del Estado; la contabilidad de costos se enseña sin considerar las externalidades ambientales de la producción; y las finanzas corporativas se analizan al margen de los debates sobre la distribución del ingreso. Morin propone desarrollar la capacidad para abordar la complejidad y comprender las interrelaciones entre las partes de un sistema. En un contexto socioeconómico caracterizado por diversas asimetrías, el profesional contable requiere herramientas para entender el entramado institucional y social en el que opera. Desde esta perspectiva, la elaboración de un estado financiero trasciende la técnica y se convierte en un documento con implicaciones económicas directas en el entorno.

Por su parte, los enfoques de la pedagogía crítica, desarrollados por autores como Peter McLaren, invitan a reflexionar sobre el propósito social de las instituciones educativas. McLaren sostiene que los currículos académicos influyen en la forma en que los estudiantes perciben la realidad socioeconómica. Si la formación universitaria se diseña exclusivamente para responder a los requerimientos de eficiencia de los mercados globales, existe la posibilidad de que los profesionales reproduzcan las dinámicas económicas vigentes sin cuestionar sus efectos colaterales. Integrar estos enfoques implica abrir el aula a la discusión objetiva sobre cómo los modelos de medición del desempeño financiero interactúan con las condiciones laborales, la sostenibilidad de las empresas a largo plazo y la equidad tributaria.

La filósofa Martha Nussbaum advierte sobre los efectos de orientar las políticas educativas únicamente hacia el crecimiento del Producto Interno Bruto (PIB) y la rentabilidad a corto plazo. En su análisis, subraya que marginar las humanidades debilita la capacidad de formar ciudadanos con pensamiento independiente y empatía social. En el campo de la contaduría, subordinar los planes de estudio a indicadores exclusivos de empleabilidad técnica puede limitar el desarrollo de competencias reflexivas. La incorporación de la sociología, la filosofía moral y la historia económica en la formación financiera es fundamental para que el profesional comprenda que detrás de clasificaciones contables como la "provisión para reestructuraciones" existen implicaciones tangibles para los trabajadores y las comunidades locales. El dominio de la técnica debe estar acompañado de la capacidad para dimensionar sus efectos humanos.

En un plano organizativo, las reflexiones de Iván Illich sobre la estructura de las instituciones de enseñanza sugieren la importancia de diversificar las fuentes de conocimiento. En el contexto de Colombia, un país con un alto porcentaje de empleo informal, microempresas y organizaciones de economía solidaria, las facultades de negocios tienen la oportunidad de establecer un diálogo con los sectores productivos de base. En lugar de centrarse de manera exclusiva en los estándares contables diseñados por organismos internacionales para empresas cotizadas en bolsa, la academia puede investigar y documentar las prácticas de gestión financiera de las cooperativas agrícolas, las asociaciones comunitarias y los pequeños emprendimientos. El estudio de estas formas organizativas permite desarrollar modelos de información contable adaptados a las necesidades de sectores que sostienen una parte significativa de la economía nacional.

Metodologías aplicadas: La conexión entre la teoría contable y la práctica social

El desarrollo de un pensamiento analítico y situado requiere la implementación de estrategias pedagógicas que vinculen el rigor académico con el entorno socioeconómico. Las siguientes metodologías representan opciones viables para enriquecer la enseñanza de la contaduría pública:

1. Contabilidad social y estudios de sostenibilidad

Este enfoque no implica una reducción del rigor técnico, sino una ampliación del alcance de la información financiera. El objetivo es estructurar modelos de reporte que no solo midan el retorno sobre la inversión para los accionistas, sino que también cuantifiquen el impacto de las operaciones de la entidad en el medio ambiente y en la comunidad.

Investigaciones en el ámbito nacional, como las de Gallón Vargas et al. (2020), documentan experiencias de integración de la contabilidad con organizaciones solidarias y empresas de servicios públicos de carácter comunitario. Estos trabajos han facilitado el diseño de indicadores que permiten visibilizar variables que la contabilidad financiera tradicional suele agrupar como gastos generales, tales como las inversiones en recuperación de cuencas hídricas, las iniciativas de equidad laboral y el valor del trabajo cooperativo. A nivel pedagógico, esta perspectiva se traduce en el diseño de proyectos de investigación aplicada donde los estudiantes acompañan a emprendimientos locales. Su labor consiste en analizar la estructura de la entidad y proponer sistemas de información que capturen tanto su desempeño económico como su impacto social, brindando a la gerencia herramientas más completas para la toma de decisiones.

2. Aprendizaje experiencial a través de consultorios contables

La implementación formal de consultorios o clínicas contables al interior de las universidades constituye una metodología eficaz para la formación práctica. Iniciativas como los Núcleos de Apoyo Contable y Fiscal (NAF), respaldados por administraciones tributarias, permiten a los estudiantes brindar orientación gratuita a personas naturales, microempresarios e independientes sobre obligaciones fiscales, facturación y formalización empresarial.

Estos espacios operan como laboratorios de aprendizaje y cumplen diversas funciones formativas. En primer lugar, desarrollan habilidades de comunicación y transferencia de conocimiento. El estudiante se enfrenta al reto de comprender la normativa fiscal con suficiente profundidad para explicarla en términos accesibles a usuarios sin conocimientos técnicos previos. En segundo lugar, promueven la vinculación de la institución educativa con el sector productivo local, apoyando la formalización de la economía y proporcionando herramientas de gestión a pequeños negocios que no tienen capacidad financiera para contratar firmas consultoras. En tercer lugar, los consultorios exponen al alumno a situaciones reales que demandan criterio profesional. Bajo la supervisión de docentes, el estudiante aprende a planificar soluciones viables frente a problemas de liquidez o desorganización administrativa, interiorizando las implicaciones éticas y legales de la asesoría contable.

3. Fortalecimiento de la investigación formativa y las competencias comunicativas

La transición hacia un perfil profesional más analítico requiere integrar metodologías de investigación desde las etapas iniciales de la carrera. Estudios como el de Mantilla-Falcón et al. (2022) señalan que una baja exposición a la investigación formativa restringe la capacidad del estudiante para identificar y resolver problemas no estructurados. Promover proyectos donde los estudiantes investiguen, por ejemplo, los modelos de revelación de información ambiental en una industria específica o la estructura del presupuesto público de su municipio, fomenta una comprensión de la contabilidad como una herramienta de control y planificación, más que como un mero registro de datos históricos.

De manera complementaria, autores como Rojas (2015) subrayan la necesidad de desarrollar las competencias de lectoescritura en los programas de ciencias económicas. Existe una tendencia a suponer que la formación contable se centra exclusivamente en el análisis cuantitativo. No obstante, el ejercicio profesional exige la capacidad de leer críticamente extensos informes de gestión, interpretar cambios en la legislación y redactar dictámenes de auditoría, notas a los estados financieros y reportes de sostenibilidad con precisión argumentativa. Un profesional debe estar capacitado para identificar inconsistencias narrativas en los informes corporativos y para estructurar recomendaciones administrativas de manera clara, lógica y persuasiva.

4. Consolidación de redes profesionales y fomento de la integridad

La formación adquirida en las aulas requiere un entorno profesional que respalde el ejercicio ético de la carrera. Frente a los dilemas descritos en el contexto organizacional, la actuación individual puede resultar insuficiente. Resulta necesario fomentar desde la universidad la participación en asociaciones gremiales, colegiaturas y redes de apoyo profesional. La articulación del gremio permite establecer guías de buenas prácticas, proponer reformas a los códigos de ética y estructurar mecanismos de apoyo institucional para aquellos profesionales que detectan y reportan irregularidades financieras en sus organizaciones (whistleblowers). El trabajo colaborativo fortalece la independencia de la profesión y facilita la interlocución con los organismos reguladores para la mejora continua del marco normativo contable y de aseguramiento.

Propuestas para prácticas formativas integrales

La implementación de metodologías innovadoras requiere un marco institucional que garantice su continuidad y evaluación. Para que el enfoque formativo integral se consolide en las facultades de contaduría, es necesario establecer directrices a nivel de política pública, gestión académica interna y representación gremial.

Evaluación y acreditación institucional El modelo de evaluación de la calidad de la educación superior influye de manera determinante en las prioridades de las universidades. Instituciones gubernamentales encargadas del aseguramiento de la calidad, como el Consejo Nacional de Acreditación (CNA) y el Ministerio de Educación Nacional, basan sus evaluaciones en un conjunto de indicadores. Históricamente, se ha otorgado un peso considerable a métricas como las tasas de empleabilidad formal de los egresados, los resultados en pruebas estandarizadas y el volumen de producción bibliográfica en revistas indexadas internacionalmente.

Para incentivar una mayor vinculación entre la academia y las necesidades del entorno, resulta conveniente que los sistemas de acreditación amplíen sus criterios de evaluación para medir el impacto social de los programas de manera sistemática. Si los lineamientos de acreditación valoran positivamente indicadores como el número de microempresas apoyadas mediante consultorios universitarios, la participación de estudiantes en proyectos de educación financiera para la comunidad o el impacto de las investigaciones aplicadas en el diseño de políticas tributarias locales, las instituciones de educación superior encontrarán incentivos formales para alinear sus recursos y currículos con estas actividades. La inclusión de estos factores como requisitos fundamentales para la obtención y renovación de registros calificados promovería la institucionalización a largo plazo de los proyectos de extensión e investigación situada.

Estructuración y actualización del diseño curricular A nivel de la gestión académica interna, las direcciones de programa tienen la responsabilidad de actualizar los Proyectos Educativos de Programa (PEP) para reflejar las competencias requeridas en el entorno actual. Una estructuración curricular coherente podría dividirse en ciclos formativos progresivos:

El ciclo de fundamentación, ubicado en los primeros semestres, tendría como objetivo establecer las bases analíticas del estudiante. Además de introducir los principios de la partida doble y las matemáticas financieras, este ciclo integraría asignaturas orientadas al contexto socioeconómico. El estudio de la historia económica nacional, los fundamentos del derecho constitucional y talleres de argumentación escrita proporcionarían al alumno el marco de referencia necesario para comprender el entorno legal y social en el cual operan las empresas

En el ciclo intermedio, la enseñanza de asignaturas de alta exigencia técnica —tales como la normatividad tributaria, la consolidación de estados financieros y la contabilidad de gestión— se vincularía metodológicamente con el análisis de estudios de caso extraídos de la realidad nacional. En esta etapa, los estudiantes podrían iniciar actividades de observación guiada en los consultorios contables de la institución, familiarizándose con la atención al público y la identificación preliminar de problemas administrativos en pequeños negocios.

El ciclo de intervención e investigación aplicada se centraría en el desarrollo de competencias para la resolución de problemas. Los estudiantes cursarían seminarios sobre metodologías de investigación e iniciarían proyectos formativos cuyo propósito sea diagnosticar situaciones específicas en organizaciones reales. Esto podría incluir desde la evaluación de la viabilidad financiera de una cooperativa hasta el diseño de un manual de procedimientos de control interno para una junta de acción comunal, promoviendo el trabajo interdisciplinario.

Finalmente, el ciclo de consolidación profesional contemplaría la realización obligatoria de prácticas en consultorios sociales o mediante convenios de proyección social, donde el estudiante asuma responsabilidades de asesoría bajo la supervisión docente. Este ciclo incluiría cursos electivos o seminarios de profundización en áreas emergentes como la auditoría forense, las finanzas públicas municipales y la gestión de reportes de sostenibilidad corporativa. Para viabilizar este modelo curricular, la administración universitaria debe contemplar la asignación equitativa de las cargas laborales del cuerpo docente, garantizando que las labores de tutoría de proyectos, dirección de trabajos de grado e intervención en consultorios sean reconocidas y remuneradas adecuadamente dentro de los planes de trabajo, reduciendo la dependencia de modalidades de contratación inestables.

Participación en la regulación y el desarrollo gremial La consolidación de las competencias adquiridas en el ámbito universitario requiere coherencia con el marco normativo y disciplinario de la profesión. Es fundamental fomentar la participación proactiva de la comunidad académica, investigadores y asociaciones de egresados en los espacios de deliberación pública y regulación, tales como el Consejo Técnico de la Contaduría Pública (CTCP) y la Junta Central de Contadores (JCC).

La intervención académica en estos foros tiene como objetivo aportar perspectivas basadas en la investigación para asegurar que los procesos de convergencia hacia estándares internacionales de información financiera y de aseguramiento consideren las características materiales de la economía local. Es necesario evaluar técnicamente el impacto de la normatividad en el segmento de las pequeñas y medianas empresas (pymes), evitando que la adopción mecánica de marcos diseñados para economías altamente financiarizadas genere costos de cumplimiento desproporcionados o distorsiones en la información local. De manera simultánea, el fortalecimiento de la profesión demanda que las autoridades disciplinarias apliquen procedimientos de supervisión rigurosos y transparentes frente a faltas éticas, garantizando el cumplimiento de los estándares de calidad en las auditorías. La articulación entre la universidad orientada a la investigación pertinente, el Estado y un gremio organizado constituye el escenario óptimo para potenciar la utilidad social y la confiabilidad de la contaduría pública.

A modo de conclusión

A lo largo de este ensayo, ha quedado claro que el ámbito de la formación contable es tan vasto como complejo. Al observar el contexto colombiano, es evidente cómo nuestra disciplina se encuentra profundamente atravesada por una globalización hegemónica. La adopción de las NIIF es una muestra clara de una estandarización descontextualizada que pretende encajar múltiples realidades económicas bajo un mismo marco normativo, lo que suele generar representaciones distorsionadas del entorno local. La educación superior parece haber cedido ante un enfoque mercantilista que privilegia la eficiencia, la empleabilidad rápida y la rentabilidad financiera, a costa de relegar la formación ética, social y humanista.

Enfrentadas a las exigencias del mercado y a las presiones financieras, las universidades suelen diseñar sus proyectos académicos en función de metas utilitarias. Como consecuencia, se configuran estructuras curriculares que promueven una asimilación acrítica, precarizan la labor docente y limitan la capacidad del estudiantado para reflexionar sobre el propósito de su profesión. Parece que el objetivo actual es graduar al mayor número de estudiantes en el menor tiempo posible, asegurando la continuidad del flujo económico. El resultado es la formación masiva de profesionales técnicos, entrenados en la repetición de procedimientos estandarizados, pero frecuentemente alejados de los debates políticos sobre la distribución de la riqueza.

Esta situación me lleva a una reflexión urgente: si la universidad se limita a enseñarnos la mecánica del registro, nos expone a la obsolescencia. Una formación enfocada estrictamente en lo operativo no solo nos hace vulnerables frente al avance de la Inteligencia Artificial y la automatización, sino que nos desarma moralmente frente a la realidad del país. Nuestro contexto colombiano está tristemente marcado por altos niveles de desigualdad y problemas sistémicos en el manejo del erario. En este entorno, el mercado corporativo suele exigir profesionales funcionales a la rentabilidad. Sin embargo, cuando el contador renuncia a su criterio ético por presión o ambición, corre el riesgo de convertirse en un engranaje más de la corrupción. Los futuros contadores enfrentaremos la encrucijada entre resignarnos a cumplir con lo mínimo exigido para sobrevivir en el mercado, o atrevernos a imaginar y construir una práctica distinta.

En ese sentido, creo firmemente que adoptar una epistemología crítica, apoyada en visiones como las Epistemologías del Sur, es uno de los caminos más prometedores hacia la resignificación de la formación contable. Desde su génesis, la contabilidad ha estado permeada por intereses políticos y económicos; por lo tanto, no puede seguir siendo enseñada como una práctica puramente neutral o universal. Formar contadores críticos implica dotarlos de herramientas analíticas que les permitan identificar para quién y para qué se contabiliza, reconociendo que operan en escenarios muy distintos a los que presuponen las normativas globales. Formar profesionales capaces de ejercer una contabilidad ética, situada y transformadora no es una simple opción académica, sino una necesidad social apremiante. Esto requiere trascender la "educación bancaria" (Freire, 1996) y apostar por metodologías activas y dialógicas que incentiven la construcción colectiva del conocimiento.

Pero la reflexión epistemológica no puede quedarse encerrada en la teoría; debe materializarse. Dar respuesta a la pregunta de cómo lograr que estas prácticas perduren implica entender que el esfuerzo individual no basta. Para institucionalizar esta visión contable, necesitamos reformas estructurales en tres niveles. Primero, a nivel de política pública, exigiendo que los entes reguladores (como el Ministerio de Educación y el CNA) midan la calidad de las universidades no solo por sus indicadores corporativos, sino por su impacto social y territorial. Segundo, a nivel institucional, transformando los currículos para integrar de manera formal y con el respaldo adecuado los consultorios contables sociales, la investigación formativa y la contabilidad popular desde los primeros semestres. Y tercero, a nivel gremial, recuperando los espacios de representación profesional para defender una praxis que proteja el patrimonio público y ambiental.

Cambiar la educación contable y sus pedagogías no es tarea de unos pocos. Es una responsabilidad compartida entre estudiantes, docentes, instituciones y la sociedad civil. Descubrir a lo largo de esta investigación múltiples experiencias y perspectivas que cuestionan el modelo vigente me ha demostrado que no estamos solos: el esfuerzo por transformar nuestra profesión comenzó hace tiempo y sigue vivo en las aulas. La resignificación de la contaduría pública, entonces, es una empresa colectiva que exige voluntad política, un firme compromiso ético.

Referencias

Apple, M. (2006). Educar "como Dios manda": Mercados, normas y desigualdad. Paidós. https://es.scribd.com/document/556738859/APPLE-Educar-Como-Dios-Manda

Cardona, A. C. Q. (2020). Reconociendo la responsabilidad epistémica, ética, social y política de la investigación contable: una exhortación. *Revista Colombiana de Contabilidad-ASFACOP*, *8*(15), 9-13. https://ojs.asfacop.org.co/index.php/asfacop/article/view/asf.v8n15.168

Castaño, C. (2016). Reflexiones sobre la investigación contable en Colombia. Panorama Económico, 24. https://bibliotecadigital.udea.edu.co/challenge

Clayss. (2023, septiembre). Premian proyecto de AYSS de la Pontificia Universidad Javeriana. Centro Latinoamericano de Aprendizaje y Servicio Solidario. *Noticias Clayss.* https://noticias.clayss.org/es/premian-proyecto-de-ayss-de-la-pontificia-universidad-javeriana

Correa Calle, L. F. (2021, 17 de febrero). *Un modelo educativo consolidado desde la Revolución Industrial.* ThinkingLab. https://thinkinglab.com.co/blog/un-modelo-educativo-consolidado-desde-la-revolucion-industrial.html

Duque Cardona, F. A. (2011). Una mirada crítica a la formación del contador público en Colombia. Adversia, (7), 109–121. https://doi.org/10.5294/adv.2011.4.7.6

El Colmbiano. (2024, 08 de febrero). Si la evasión de impuestos de una persona supera $100 millones, la Dian iniciaría proceso penal. (Nota adaptada en medios nacionales sobre las cifras oficiales de evasión de la DIAN). *El Colombiano.* https://www.elcolombiano.com/negocios/con-la-nueva-medida-de-la-dian-se-espera-recoger-mas-dinero-de-los-impuestos-PG23700078

El Espectador. (2024, mayo). Edificios de la Universidad Nacional dejarán de caerse; aprobaron plan para mejorarlos. *El Espectador.* https://www.elespectador.com/educacion/mineducacion-acordo-hoja-de-ruta-para-mejorar-infraestructura-de-la-unal/

El Tiempo. (2025). Irregularidades millonarias en el Fondo de Adaptación y el ICBF: denuncias de la Contraloría. El Tiempo. https://www.eltiempo.com/colombia/denuncian-irregularidades-millonarias-en-fondo-de-adaptacion-icbf-2025-04-22

El Tiempo. (2024, febrero). Preocupación por la caída de matrículas en universidades privadas. *El Tiempo.* https://www.eltiempo.com/vida/educacion/las-agridulces-cifras-de-educacion-superior-presentadas-por-el-gobierno-se-estan-cumpliendo-las-metas-de-cobertura-y-cupos-nuevos-3370099

Franco, R. (2014). Teoría del régimen internacional en contabilidad. *Lumina*, 15, 12-35. https://dialnet.unirioja.es/servlet/articulo?codigo=8679237

Franco, R., y Betancur, L. (2025). Aporte a la construcción de contabilidad integral y contametría. *Teuken Bidikay - Revista Latinoamericana De Investigación En Organizaciones, Ambiente Y Sociedad*, 15(25). https://revistas.elpoli.edu.co/index.php/teu/article/view/2434

Freire, P. (1996). Pedagogía del oprimido. Siglo XXI Editores. https://archive.org/details/freire-pedagogia-del-oprimido/mode/1up?view=theater&utm_source=chatgpt.com

García, A. (2015). Contabilidad crítica: Fundamentos para una práctica alternativa. Contaduría y Administración, 60(1), 228–243. https://doi.org/10.1016/S0186-1042(15)30010-3

Giménez, G., & Corengia, Á. (2024). *Universidades al Descubierto: Un Análisis Comparativo del Sistema Público y Privado en la Educación Superior.* Informe de la Secretaría de Políticas Universitarias. *Universidades al Descubierto: Un Análisis Comparativo del Sistema Público y Privado en la Educación Superior*

Gómez Morales, D. M. (2018). Análisis de la calidad en la educación superior pública y privada en Colombia: Ensayo argumentativo (Trabajo de especialización, Universidad Militar Nueva Granada). Repositorio Institucional Universidad Militar Nueva Granada. https://repository.umng.edu.co/server/api/core/bitstreams/3ae9fd77-816b-434d-a9b6-be9fd15a2e47/content

Gómez, M. (2017). *La crisis por ausencia de crítica en la educación contable*. Universidad Nacional de Colombia. https://revistas.javeriana.edu.co/index.php/cuacont/article/view/23679

Gómez, M. (2011). Pensando los fundamentos de la contabilidad como disciplina académica. Lúmina, 12, 120–151. https://dialnet.unirioja.es/descarga/articulo/8679252.pdf

Gómez, M. (2007). Pensamiento único y contabilidad: La posibilidad de la contabilidad como disciplina moral. Revista de Contabilidad, 10(1), 97–116. https://www.redalyc.org/articulo.oa?id=90915203

Gómez, M., y Ospina, C. (2022). *La investigación contable en Colombia: de la institucionalización formal al conocimiento y la transformación contextual.* Contaduría Universidad de Antioquia, 81, 259–293. https://doi.org/10.17533/udea.rc.n81a11

Grinberg, S. (2006). Educación y gubernamentalidad en las sociedades de gerenciamiento. *Revista Argentina de Sociología.* https://www.redalyc.org/pdf/269/26940605.pdf

Han, B., Arregi, A., y Ciria, A. (2012). La sociedad del cansancio (Vol. 13). Barcelona: Herder.Editorial. https://www.clubdelecturas.com/wp-content/uploads/GLM%C3%B3vil-0030-1910-La-sociedad-del-cansancio.pdf

Infobae. (2023, 30 de julio). 100 billones de pesos le adeudan los evasores de impuestos en Colombia a la Dian. *Infobae Colombia.* Rhttps://www.infobae.com/colombia/2023/07/30/100-billones-de-pesos-le-adeudan-los-evasores-de-impuestos-en-colombia-a-la-dian/

Mantilla, M., Rosales, D., y Sánchez, B. (2022). Epistemología de la contabilidad y formación académica: dos mundos contrapuestos. *Cuadernos de Contabilidad*, 23. https://doi.org/10.11144/Javeriana.cc23.ecfa (doi.org in Bing).

Martínez Gómez, D. A. (2017). Reflexiones acerca del papel de la crítica en la contabilidad. *Universidad de Antioquia.*

https://revistas.udea.edu.co/index.php/adversia/article/view/327384

Laval, C. (2004). *La escuela no es una empresa.* Barcelona: Paidós. https://documentcloud.adobe.com/gsuiteintegration/index.html?state=%7B%22ids%22%3A%5B%2213EOURj4YuyHP6n1KmTWMMx-AH3ouPSvb%22%5D%2C%22action%22%3A%22open%22%2C%22userId%22%3A%22106314230952938834789%22%2C%22resourceKeys%22%3A%7B%7D%7D

López, A., y Ramírez, M. (2019). Equidad y acceso en la educación superior en Colombia. *Cuadernos de Economía.*

https://www.researchgate.net/publication/360595658_Equidad_y_acceso_a_la_educacion_superior_en_Colombia_analisis_de_los_programas_Ser_Pilo_Paga_y_Generacion_E

Ordóñez, S . (2025). Educación universitaria en Colombia: explorando las diferencias y ventajas entre lo privado y lo público. Revista de Educación, (36), 269-289. https://fh.mdp.edu.ar/revistas/index.php/r_educ/article/view/9206/9499

Quintero, L. (2020). La investigación contable como acto político. *Revista de Contabilidad y Sociedad.* https://bibliotecadigital.udea.edu.co/server/api/core/bitstreams/d54d00fd-28b6-42e9-be2d-ce90e27185ec/content

Quiroz Patiño, N. J., Celis Parra, R. E., & García Moreno, J. R. (2022). Visión crítica del ejercicio de la profesión contable: Una mirada desde la universidad. Revista Colombiana de Contabilidad, 25(45), 130–148. https://doi.org/10.36779/27112023.v25n45.2022.377

Rojas Rojas, W. (2015). Lectoescritura y pensamiento crítico: desafío de la educación contable. *Cuadernos de Contabilidad*, 16(41), 307–328. https://www.redalyc.org/articulo.oa?id=205143779013

Rosero Ordóñez, S. L. (2025). *Educación Universitaria en Colombia: Explorando las Diferencias y Ventajas entre lo Privado y lo Público.* Revista de Educación. https://fh.mdp.edu.ar/revistas/index.php/r_educ/article/view/9206

Slaughter, S., y Rhoades, G. (2004). *Academic Capitalism and the New Economy: Markets, State, and Higher Education*. Johns Hopkins University Press. https://www.press.jhu.edu/books/title/3283/academic-capitalism-and-new-economy?srsltid=AfmBOoqslFmXqea_t2tgkdThifvmqfBveEheDUPF2za2_gmtBWS7SqGO

Sousa Santos, B. (2009). Epistemologías del Sur: La reinvención del conocimiento y la emancipación social. Siglo XXI Editores. https://biblioteca.clacso.edu.ar/clacso/se/20181124092336/Epistemologias_del_sur_2018.pdf

Uniminuto. (2024, julio). La academia, el puente para facilitar la transición hacia la facturación electrónica en Colombia. *Corporación Universitaria Minuto de*

Dios. https://www.uniminuto.edu/noticias/la-academia-el-puente-para-facilitar-la-transicion-hacia-la-facturacion-electronica-en

Vargas, N, Zapata, Y., y Triana, M. (2020). Contabilidad popular. Una alternativa socio-práxica para resignificar las prácticas contables en las organizaciones de economía solidaria de Colombia. *Contaduría Universidad de Antioquia*, (77), 37-79. https://revistas.udea.edu.co/index.php/cont/article/view/344197

Zemelman, H. (2021). Pensar teórico y pensar epistémico: Los retos de las ciencias sociales latinoamericanas. *Espacio Abierto*, 30(3), 234–244. https://www.redalyc.org/articulo.oa?id=12268654011

www.ingramcontent.com/pod-product-compliance
Lightning Source LLC
LaVergne TN
LVHW022324200926
848481LV00004B/1418

Generis
PUBLISHING